COLEÇÃO EXCELSIOR

BIOGRAFIAS — MEMÓRIAS — DIÁRIOS — CONFISSÕES
ROMANCE — CONTO — NOVELA — FOLCLORE
POESIA — HISTÓRIA

ODES

COLEÇÃO EXCELSIOR

Vol. 24

Capa
Cláudio Martins

EDITORA ITATIAIA
BELO HORIZONTE
Rua São Geraldo, 53 — Floresta — Cep. 30150-070
Tel.: 3212-4600 — Fax: 3224-5151
e-mail: vilaricaeditora@uol.com.br
Home page: www.villarica.com.br

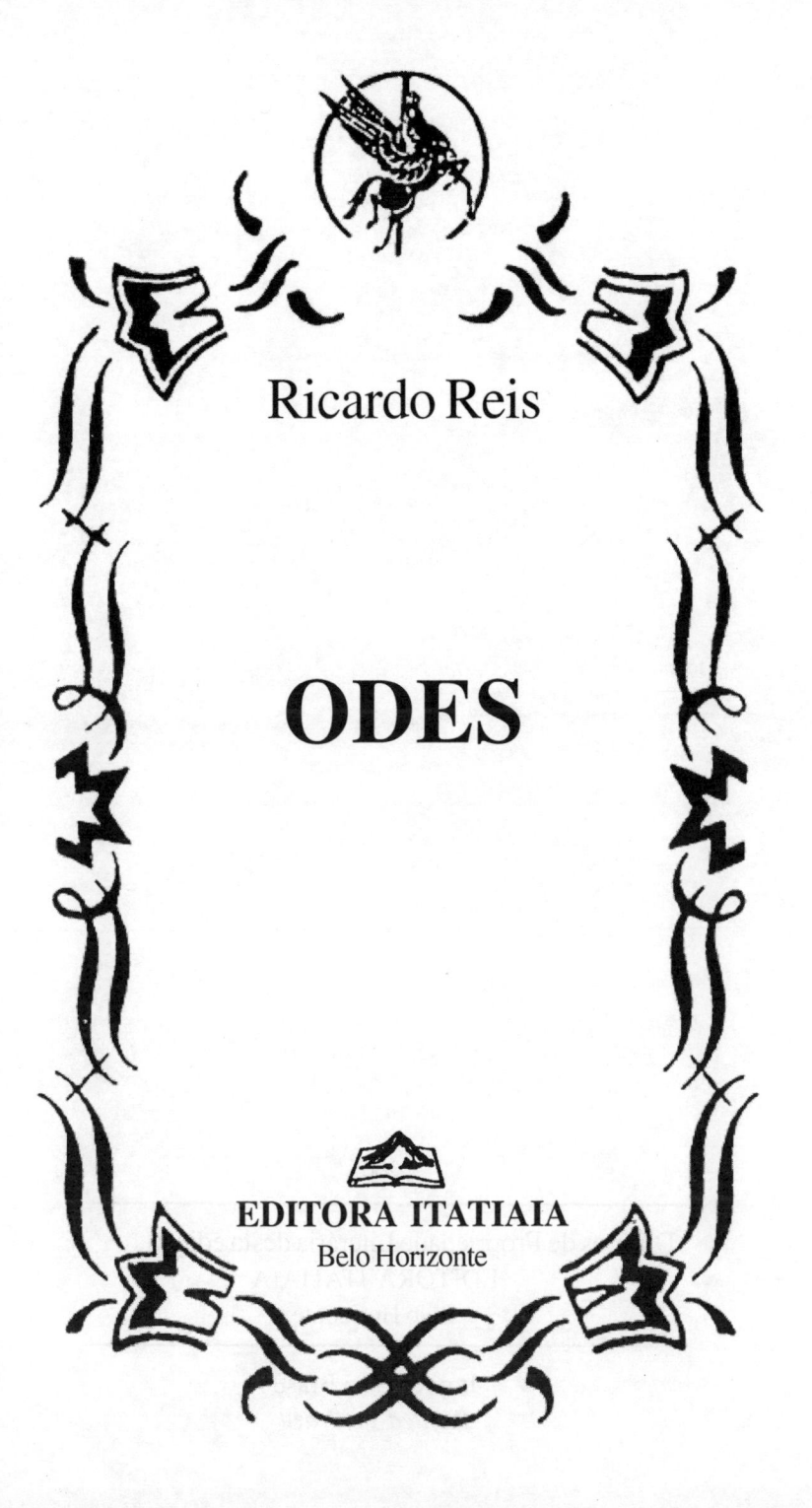

Ricardo Reis

ODES

EDITORA ITATIAIA
Belo Horizonte

2005

Direitos de Propriedade Literária desta edição
EDITORA ITATIAIA
Belo Horizonte

Impresso no Brasil
Printed in Brazil

DIE POESIE IST DAS ECHT
ABSOLUT REELLE. DIES IST DER KERN
MEINER PHILOSOPHIE.
JE POETISCHER, JE WAHRER.

A POESIA É O AUTÊNTICO REAL
ABSOLUTO. ISTO É O CERNE DA
MINHA FILOSOFIA.
QUANTO MAIS POÉTICO, MAIS VERDADEIRO.

NOVALIS

Mestre, são plácidas
Todas as horas
Que nós perdemos.
Se no perdê-las,
Qual numa jarra,
Nós pomos flores.

Não há tristezas
Nem alegrias
Na nossa vida.
Assim saibamos,
Sábios incautos,
Não a viver,

Mas decorrê-la,
Tranquilos, plácidos,
Tendo as crianças
Por nossas mestras,
E os olhos cheios
De Natureza...

À beira-rio,
À beira-estrada,
Conforme calha,
Sempre no mesmo
Leve descanso
De estar vivendo.

O tempo passa,
Não nos diz nada.
Envelhecemos.
Saibamos, quase

Maliciosos,
Sentir-nos ir.

Não vale a pena
Fazer um gesto.
Não se resiste
Ao deus atroz
Que os próprios filhos
Devora sempre.

Colhamos flores.
Molhemos leves
As nossas mãos
Nos rios calmos,
Para aprendermos
Calma também.

Girassóis sempre
Fitando o Sol,
Da vida iremos
Tranquilos, tendo
Nem o remorso
De ter vivido.

Os deuses desterrados,
Os irmãos de Saturno,
Às vezes, no crepúsculo
Vêm espreitar a vida.

Vêm então ter connosco
Remorsos e saudades
E sentimentos falsos.
É a presença deles,
Deuses que o destroná-las
Tornou espirituais,
De matéria vencida,
Longínqua e inactiva.

Vêm, inúteis forças,
Solicitar em nós
As dores e os cansaços,
Que nos tiram da mão,
Como a um bêbedo mole,
A taça da alegria.

Vêm fazer-nos crer,
Despeitadas ruínas
De primitivas forças,
Que o mundo é mais extenso
Que o que se vê e palpa,
Para que ofendamos
A Júpiter e a Apolo.

Assim até à beira
Terrena do horizonte
Hiperíon no crepúsculo

Vem chorar pelo carro
Que Apolo lhe roubou.

E o poente tem cores
Da dor dum deus longínquo
E ouve-se soluçar
Para além das esferas...
Assim choram os deuses.

Coroai-me de rosas,
Coroai-me em verdade
De rosas —
Rosas que se apagam
Em fronte a apagar-se
Tão cedo!
Coroai-me de rosas
E de folhas breves.
E basta.

O deus Pã não morreu,
Cada campo que mostra
Aos sorrisos de Apolo
Os peitos nus de Ceres —
Cedo ou tarde vereis
Por lá aparecer
O deus Pã, o imortal.

Não matou outros deuses
O triste deus cristão.
Cristo é um deus a mais,
Talvez um que faltava.

Pã continua a dar
Os sons da sua flauta
Aos ouvidos de Ceres
Recumbente nos campos.

Os deuses são os mesmos,
Sempre claros e calmos,
Cheios de eternidade
E desprezo por nós,
Trazendo o dia e a noite
E as colheitas douradas
Sem ser para nos dar
O dia e a noite e o trigo
Mas por outro e divino
Propósito casual.

De Apolo o carro rodou pra fora
Da vista. A poeira que levantara
Ficou enchendo de leve névoa
     O horizonte;

A flauta calma de Pã, descendo
Seu tom agudo no ar pausado,
Deus mais tristezas ao moribundo
     Dia suave.

Cálida e loura, núbil e triste,
Tu, mondadeira dos prados quentes,
Ficas ouvindo, com os teus passos
     Mais arrastados,

A flauta antiga do deus durando
Com o ar que cresce pra vento leve,
E sei que pensas na deusa clara
     Nada dos mares,

E que vão ondas lá muito adentro
Do que o teu seio sente cansado
Enquanto a flauta sorrindo chora
     Pàlidamente.

Nota — O sentido do poema parece indicar uma gralha ou má leitura no 7.º verso, que deveria ser:

     Deu mais tristezas ao moribundo

Vem sentar-te comigo, Lídia, à beira do rio.
Sossegadamente fitemos o seu curso e aprendamos
Que a vida passa, e não estamos de mãos enlaçadas.
(Enlacemos as mãos).

Depois pensemos, crianças adultas, que a vida
Passa e não fica, nada deixa e nunca regressa,
Vai para um mar muito longe, para ao pé do Fado,
Mais longe que os deuses.

Desenlacemos as mãos, porque não vale a pena
cansarmo-nos.
Quer gozemos; quer não gozemos, passamos como o rio.
Mais vale saber passar silenciosamente
E sem desassossegos grandes.

Sem amores, nem ódios, nem paixões que levantam a voz,
Nem invejas que dão movimento demais aos olhos,
Nem cuidados, porque se os tivesse o rio sempre correria,
E sempre iria ter ao mar.

Amemo-nos tranquilamente, pensando que podíamos,
Se quiséssemos, trocar beijos e abraços e carícias,
Mas que mais vale estarmos sentados ao pé um do outro
Ouvindo correr o rio e vendo-o.

Colhamos flores, pega tu nelas e deixa-as
No colo, e que o seu perfume suavize o momento
Este momento em que sossegadamente não cremos em
nada,
Pagãos inocentes da decadência.

Ao menos, se for sombra antes, lembrar-te-ás de mim depois
Sem que a minha lembrança te arda ou te fira ou te mova,
Porque nunca enlaçamos as mãos, nem nos beijamos
Nem fomos mais do que crianças.

E se antes do que eu levares o óbolo ao barqueiro sombrio,
Eu nada terei que sofrer ao lembrar-me de ti.
Ser-me-ás suave à memória lembrando-te assim — à beira-
rio,
Pagã triste e com flores no regaço.

Ao longe os montes têm neve ao sol,
Mas é suave já o frio calmo
     Que alisa e agudece
     Os dardos do sol alto.

Hoje, Neera, não nos escondamos,
Nada nos falta, porque nada somos.
     Não esperamos nada
     E temos frio ao sol.

Mas tal como é, gozemos o momento,
Solenes na alegria levemente,
     E aguardando a morte
     Como quem a conhece.

Só o ter flores pela vista fora
Nas áleas largas dos jardins exactos
    Basta para podermos
    Achar a vida leve.

De todo o esforço seguremos quedas
As mãos, brincando, pra que nos não tome
    Do pulso, e nos arraste.
    E vivamos assim,

Buscando o mínimo de dor ou gozo,
Bebendo a goles os instantes frescos,
    Translúcidos como água
    Em taças detalhadas,

Da vida pálida levando apenas
As rosas breves, os sorrisos vagos,
    E as rápidas carícias
    Dos instantes volúveis.

Pouco tão pouco pesará nos braços
Com que, exilados das supernas luzes,
    Scolhermos do que fomos
    O melhor pra lembrar

Quando, acabados pelas Parcas, formos,
Vultos solenes de repente antigos,
    E cada vez mais sombras,
    Ao encontro fatal

Do barco escuro no soturno rio,
E os nove abraços do horror estígio,
    E o regaço insaciável
    Da pátria de Plutão.

A palidez do dia é levemente dourada.
O sol de Inverno faz luzir como orvalho as curvas
Dos troncos de ramos secos.
O frio leve treme.

Desterrado da pátria antiquíssima da minha
Crença, consolado só por pensar nos deuses,
Aqueço-me trémulo
A outro sol do que este.

O sol que havia sobre o Parténon e a Acrópole
O que alumiava os passos lentos e graves
De Aristóteles falando.
Mas Epicuro melhor

Me fala, com a sua cariciosa voz terrestre
Tendo para os deuses uma atitude também de
Sereno e vendo a vida
À distância a que está.

Não tenhas nada nas mãos
Nem uma memória na alma,

Que quando te puserem
Nas mãos o óbolo último,

Ao abrirem-te as mãos
Nada te cairá.

Que trono te querem dar
Que Átropos to não tire?

Que louros que não fanem
Nos arbítrios de Minos?

Que horas que te não tornem
Da estatura da sombra

Que serás quando fores
Na noite e ao fim da estrada.

Colhe as flores mas larga-as,
Das mãos mal as olhaste.

Senta-te ao sol. Abdica
E sê rei de ti próprio.

Sábio é o que se contenta com o espectáculo do mundo,
    E ao beber nem recorda
    Que já bebeu na vida,
    Para quem tudo é novo
    E imarcescível sempre.

Coroem-no pâmpanos, ou heras, ou rosas volúteis,
    Ele sabe que a vida
    Passa por ele e tanto
    Corta à flor como a ele
    De Átropos a tesoura.

Mas ele sabe fazer que a cor do vinho esconda isto,
    Que o seu sabor orgíaco
    Apague o gosto às horas,
    Como a uma voz chorando
    O passar das bacantes.

E ele espera, contente quase e bebedor tranquilo,
    E apenas desejando
    Num desejo mal tido
    Que a abominável onda
    O não molhe tão cedo.

As rosas amo dos jardins de Adónis,
Essas volucres amo, Lídia, rosas,
Que em o dia em que nascem,
Em esse dia morrem.
A luz para elas é eterna, porque
Nascem nascido já o Sol, e acabam
Antes que Apolo deixe
O seu curso visível.
Assim façamos nossa vida *um dia,*
Inscientes, Lídia, voluntàriamente
Que há noite antes e após
O pouco que duramos.

Cuidas, ínvio, que cumpres, apertando
Teus infecundos, trabalhosos dias
    Em feixes de hirta lenha,
    Sem ilusão a vida.
A tua lenha é só peso que levas
Para onde não tens fogo que te aqueça,
    Nem sofrem peso aos ombros
    As sombras que seremos.
Para folgar não folgas; e, se legas,
Antes legues o exemplo, que riquezas,
    De como a vida basta
    Curta, nem também dura.

Pouco usamos do pouco que mal temos.
A obra cansa, o ouro não é nosso.
    De nós a mesma fama
    Ri-se, que a não veremos
Quando, acabados pelas Parcas, formos,
Vultos solenes, de repente antigos,
    E cada vez mais sombras,
    Ao encontro fatal
O barco escuro no soturno rio,
E os novos abraços da frieza stígia
    E o regaço insaciável
    Da pátria de Plutão.

Nota — No antepenúltimo verso parece haver uma gralha ou erro de leitura;
segundo o sentido e a lógica da frase, poderá ser:
    E os *nove* abraços da frieza stígia

Cf. com o antepenúltimo verso da pág. 27.

Não consentem os deuses mais que a vida.
Tudo pois refusemos, que nos alce
    A irrespiráveis píncaros,
    Perenes sem ter flores.
Só de aceitar tenhamos a ciência,
E, enquanto bate o sangue em nossas fontes,
    Nem se engelha connosco
    O mesmo amor, duremos,
Como vidros, às luzes transparentes
E deixando escorrer a chuva triste,
    Só mornos ao sol quente,
    E reflectindo um pouco.

Cada coisa a seu tempo tem seu tempo.
Não florescem no Inverno os arvoredos,
Nem pela Primavera
Têm branco frio os campos.

À noite, que entra, não pertence, Lídia,
O mesmo ardor que o dia nos pedia.
Com mais sossego amemos
A nossa incerta vida.

À lareira, cansados não da obra
Mas porque a hora é a hora dos cansaços,
Não puxemos a voz
Acima de um segredo,

E casuais, interrompidas sejam
Nossas palavras de reminiscência
(Não para mais nos serve
A negra ida do sol).

Pouco a pouco o passado recordemos
E as histórias contadas no passado
Agora duas vezes
Histórias, que nos falem

Das flores que na nossa infância ida
Com outra consciência nós colhíamos
E sob uma outra espécie
De olhar lançado ao mundo.

E assim, Lídia, à lareira, como estando,
Deuses lares, ali na eternidade,

Como quem compõe roupas
O outrora compúnhamos

Nesse desassossego que o descanso
Nos traz às vidas quando só pensamos
Naquilo que já fomos,
E há só noite lá fora.

Da nossa semelhança com os deuses
Por nosso bem tiremos
Julgarmo-nos deidades exiladas
E possuindo a Vida
Por uma autoridade primitiva
E coeva de Jove.

Altivamente donos de nós-mesmos,
Usemos a existência
Como a vila que os deuses nos concedem
Para esquecer o Estio.

Não de outra forma mais apoquentada
Nos vale o esforço usarmos
A existência indecisa e afluente
Fatal do rio escuro.

Como acima dos deuses o Destino
É calmo e inexorável,
Acima de nós-mesmos construamos
Um fado voluntário
Que quando nos oprima nós sejamos
Esse que nos oprime,
E quando entremos pela noite dentro
Por nosso pé entremos.

Só esta liberdade nos concedem
Os deuses: submetermo-nos
Ao seu domínio por vontade nossa.
Mais vale assim fazermos
Porque só na ilusão da liberdade
A liberdade existe.

Nem outro jeito os deuses, sobre quem
O eterno fado pesa,
Usam para seu calmo e possuído
Convencimento antigo
De que é divina e livre a sua vida.

Nós, imitando os deuses,
Tão pouco livres como eles no Olimpo,
Como quem pela areia
Ergue castelos para encher os olhos,
Ergamos nossa vida
E os deuses saberão agradecer-nos
O sermos tão como eles.

Aqui, Neera, longe
De homens e de cidades,
Por ninguém nos tolher
O passo, nem vedarem
A nossa vista as casas,
Podemos crer-nos livres.

Bem sei, ó flava, que inda
Nos tolhe a vida o corpo,
E não temos a mão
Onde temos a alma;
Bem sei que mesmo aqui
Se nos gasta esta carne
Que os deuses concederam
Ao estado antes de Averno.

Mas aqui não nos prendem
Mais coisas do que a vida,
Mãos alheias não tomam
Do nosso braço, ou passos
Humanos se atravessam
Pelo nosso caminho.

Não nos sentimos presos
Senão com pensarmos nisso,
Por isso não pensemos
E deixemo-nos crer
Na inteira liberdade
Que é a ilusão que agora
Nos torna iguais dos deuses.

Da lâmpada nocturna
A chama estremece
E o quarto alto ondeia.

Os deuses concedem
Aos seus calmos crentes
Que nunca lhes trema
A chama da vida
Perturbando o aspecto
Do que está em roda,
Mas firme e esguiada
Como preciosa
E antiga pedra,
Guarde a sua calma
Beleza contínua.

O ritmo antigo que há em pés descalços,
Esse ritmo das ninfas repetido,
    Quando sob o arvoredo
    Batem o som da dança,
Vós na alva praia relembrai, fazendo,
Que scura a spuma deixa; vós, infantes,
    Que inda não tendes cura
    De ter cura, reponde
Ruidosa a roda, enquanto arqueia Apolo,
Como um ramo alto, a curva azul que doura,
    E a perene maré
    Flui, enchente ou vazante.

Vós que, crentes em Cristos e Marias,
Turvais da minha fonte as claras águas
    Só para me dizerdes
    Que há águas de outra espécie

Banhando prados com melhores horas, —
Dessas outras regiões pra que falar-me
    Se estas águas e prados
    São de aqui e me agradam?

Esta realidade os deuses deram
E para bem real a deram externa.
    Que serão os meus sonhos
    Mais que a obra dos deuses?

Deixai-me a Realidade do momento
E os meus deuses tranquilos e imediatos
    Que não moram no Vago
    Mas nos campos e rios.

Deixai-me a vida ir-se pagãmente
Acompanhada pelas avenas ténues
    Com que os juncos das margens
    Se confessam de Pã.

Vivei nos vossos sonhos e deixai-me
O altar imortal onde é meu culto
    E a visível presença
    Dos meus próximos deuses.

Inúteis procos do melhor que a vida,
Deixai a vida aos crentes mais antigos

Que a Cristo e a sua cruz
E Maria chorando.

Ceres, dona dos campos, me console
E Apolo e Vénus, e Urano antigo
E os trovões, com o interesse
De irem da mão de Jove.

O mar jaz; gemem em segredo os ventos
Em Éolo cativos;
Só com as pontas do tridente as vastas
Águas franze Neptuno;
E a praia é alva e cheia de pequenos
Brilhos sob o sol claro.
Inutilmente parecemos grandes.
Nada, no alheio mundo,
Nossa vista grandeza reconhece
Ou com razão nos serve.
Se aqui de um manso mar meu fundo indício
Três ondas o apagam,
Que me fará o mar que na atra praia
Ecoa de Saturno?

Antes de nós nos mesmos arvoredos
Passou o vento, quando havia vento,
E as folhas não falavam
De outro modo do que hoje.

Passamos e agitamo-nos debalde.
Não fazemos mais ruído no que existe
Do que as folhas das árvores
Ou os passos do vento.

Tentemos pois com abandono assíduo
Entregar nosso esforço à Natureza
E não querer mais vida
Que a das árvores verdes.

Inùtilmente parecemos grandes.
Salvo nós nada pelo mundo fora
Nos saúda a grandeza
Nem sem querer nos serve.

Se aqui, à beira-mar, o meu indício
Na areia o mar com ondas três o apaga,
Que fará na alta praia
Em que o mar é o Tempo?

Acima da verdade estão os deuses.
A nossa ciência é uma falhada cópia
Da certeza com que eles
Sabem que há o Universo.

Tudo é tudo, e mais alto estão os deuses,
Não pertence à ciência conhecê-los,
Mas adorar devemos
Seus vultos como às flores,

Porque visíveis à nossa alta vista,
São tão reais como reais as flores
E no seu calmo Olimpo
São outra Natureza.

Anjos ou deuses, sempre nós tivemos
A visão perturbada de que acima
De nós e compelindo-nos
Agem outras presenças.

Como acima dos gados que há nos campos
O nosso esforço, que eles não compreendem.
Os coage e obriga
E eles não nos percebem,

Nossa vontade e o nosso pensamento
São as mãos pelas quais outros nos guiam
Para onde eles querem
E nós não desejamos.

Tirem-me os deuses
Em seu arbítrio
Superior e urdido às escondidas
O Amor, glória e riqueza.

Tirem, mas deixem-me,
Deixem-me apenas
A consciência lúcida e solene
Das coisas e dos seres.

Pouco me importa
Amor ou glória.
A riqueza é um metal, a glória é um eco
E o amor uma sombra.

Mas a concisa
Atenção dada
As formas e às maneiras dos objectos
Tem abrigo seguro.

Seus fundamentos
São todo o mundo,
Seu amor é o plácido Universo,
Sua riqueza a vida.

A sua glória
É a suprema
Certeza da solene e clara posse
Das formas dos objectos.

O resto passa,
E teme a morte.

Só nada teme ou sofre a visão clara
E inútil do Universo.

Essa a si basta,
Nada deseja
Salvo o orgulho de ver sempre claro
Até deixar de ver.

Boças roxas de vinho
Testas brancas sob rosas,
Nus, brancos antebraços
Deixados sobre a mesa:

Tal seja, Lídia, o quadro
Em que fiquemos, mudos,
Eternamente inscritos
Na consciência dos deuses.

Antes isto que a vida
Como os homens a vivem,
Cheia da negra poeira
Que erguem das estradas.

Só os deuses socorrem
Com seu exemplo aqueles
Que nada mais pretendem
Que ir no rio das coisas.

Ouvi contar que outrora, quando a Pérsia
Tinha não sei qual guerra,
Quando a invasão ardia na Cidade
E as mulheres gritavam,
Dois jogadores de xadrez jogavam
O seu jogo contínuo.

À sombra de ampla árvore fitavam
O tabuleiro antigo,
E. ao lado de cada um, esperando os seus
Momentos mais folgados,
Quando havia movido a pedra, e agora
Esperava o adversário,
Um púcaro com vinho refrescava
Sobriamente a sua sede.

Ardiam casas, saqueadas eram
As arcas e as paredes,
Violadas, as mulheres eram postas
Contra os muros caídos,
Traspassadas de lanças, as crianças
Eram sangue nas ruas...
Mas onde estavam, perto da cidade,
E longe do seu ruído,
Os jogadores de xadrez jogavam
O jogo do xadrez.

Inda que nas mensagens do ermo vento
Lhes viessem os gritos,
E, ao reflectir, soubessem desde a alma
Que por certo as mulheres
E as tenras filhas violadas eram

Nessa distância próxima,
Inda que, no momento que o pensavam,
Uma sombra ligeira
Lhes passasse na fronte alheada e vaga,
Breve seus olhos calmos
Volviam sua atenta confiança
Ao tabuleiro velho.

Quando o rei de marfim está em perigo,
Que importa a carne e o osso
Das irmãs e das mães e das crianças?

Quando a torre não cobre
A retirada da rainha branca,
O saque pouco importa.
E quando a mão confiada leva o xeque
Ao rei do adversário,
Pouco pesa na alma que lá longe
Estejam morrendo filhos.

Mesmo que, de repente, sobre o muro
Surja a sanhuda face
Dum guerreiro invasor, e breve deva
Em sangue ali cair
O jogador solene de xadrez,
O momento antes desse
(É ainda dado ao cálculo dum lance
Pra a efeito horas depois)
É ainda entregue ao jogo predilecto
Dos grandes indif´rentes.

Caiam cidades, sofram povos, cesse
A liberdade e a vida,

Nota — Os vv. 14 e 15 parecem ser uma variante dos vv dada a sequência lógica.

Os haveres tranquilos e avitos
Ardem e que se arranquem,
Mas quando a guerra os jogos interrompa,
Esteja o rei sem xeque,
E o de marfim peão mais avançado
Pronto a comprar a torre.

Meus irmãos em amarmos Epicuro
E o entendermos mais
De acordo com nós-próprios que com ele,
Aprendamos na história
Dos calmos jogadores de xadrez
Como passar a vida.

Tudo o que é sério pouco nos importe,
O grave pouco pese,
O natural impulso dos instintos
Que ceda ao inútil gozo
(Sob a sombra tranquila do arvoredo)
De jogar um bom jogo.

O que levamos desta vida inútil
Tanto vale se é
A glória, a fama, o amor, a ciência, a vida,
Como se fosse apenas
A memória de um jogo bem jogado
E uma partida ganha
A um jogador melhor.

A glória pesa como um fardo rico,
A fama como a febre,
O amor cansa, porque é a sério e busca,
A ciência nunca encontra,
E a vida passa e dói porque o conhece...

O jogo do xadrez
Prende a alma toda, mas, perdido, pouco
Pesa, pois não é nada.

Ah! sob as sombras que sem qu'rer nos amam,
Com um púcaro de vinho
Ao lado, e atentos só à inútil faina
Do jogo do xadrez,
Mesmo que o jogo seja apenas sonho
E não haja parceiro,
Imitemos os persas desta história,
E, enquanto lá por fora,
Ou perto ou longe, a guerra e a pátria e a vida
Chamam por nós, deixemos
Que em vão nos chamem, cada um de nós
Sob as sombras amigas
Sonhando, ele os parceiros, e o xadrez
A sua indiferença.

Prefiro rosas, meu amor, à pátria,
E antes magnólias amo
Que a glória e a virtude.

Logo que a vida me não canse, deixo
Que a vida por mim passe
Logo que eu fique o mesmo.

Que importa àquele a quem já nada importa
Que um perca e outro vença,
Se a aurora raia sempre,

Se cada ano com a Primavera
As folhas aparecem
E com o Outono cessam?

E o resto, as outras coisas que os humanos
Acrescentam à vida,
Que me aumentam na alma?

Nada, salvo, o desejo de indif'rença
E a confiança mole
Na hora fugitiva.

Felizes, cujos corpos sob as árvores
Jazem na húmida terra,
Que nunca mais sofrem o sol, ou sabem
Das doenças da lua.

Verta Éolo a caverna inteira sobre
O orbe esfarrapado,
Lance Neptuno, em cheias mãos, ao alto
As ondas estoirando.

Tudo lhe é nada, e o próprio pegureiro
Que passa, finda a tarde,
Sob a árvore onde jaz quem foi a sombra
Imperfeita de um deus,

Não sabe que os seus passos vão cobrindo
O que podia ser,
Se a vida fosse sempre a vida, a glória
De uma beleza eterna.

Segue a teu destino,
Rega as tuas plantas,
Ama as tuas rosas.
O resto é a sombra
De árvores alheias.

A realidade
Sempre é mais ou menos
Do que nós queremos.
Só nós somos sempre
Iguais a nós-próprios.

Suave é viver só.
Grande e nobre é sempre
Viver simplesmente.
Deixa a dor nas aras
Como ex-voto aos deuses.

Vê de longe a vida.
Nunca a interrogues.
Ela nada pode
Dizer-te. A resposta
Está além dos deuses.

Mas serenamente
Imita o Olimpo
No teu coração.
Os deuses são deuses
Porque não se pensam.

Feliz aquele a quem a vida grata
Concedeu que dos deuses se lembrasse
E visse como eles
Estas terrenas coisas onde mora
Um reflexo mortal da imortal vida.
Feliz, que quando a hora tributária
Transpor seu átrio porque a Parca corte
O fio fiado até ao fim,
Gozar poderá o alto prémio
De errar no Averno grato abrigo
Da convivência.

Mas aquele que quer Cristo antepor
Aos mais antigos Deuses que no Olimpo
Seguiram a Saturno —
O seu blasfemo ser abandonado
Na fria expiação — até que os Deuses
De quem se esqueceu deles se recordem
Erra, sombra inquieta, incertamente,
Nem a viúva lhe põe na boca
O óbolo a Caronte grato,
E sobre o seu corpo insepulto
Não deita terra o viandante.

Não a ti, Cristo, odeio ou te não quero.
Em ti como nos outros creio deuses mais velhos.
Só te tenho por não mais nem menos
Do que eles, mas mais novo apenas.

Odeio-os sim, e a esses com calma aborreço,
Que te querem acima dos outros teus iguais deuses.
Quero-te onde tu stás, nem mais alto
Nem mais baixo que eles, tu apenas.

Deus triste, preciso talvez porque nenhum havia
Como tu, um a mais no Panteão e no culto,
Nada mais, nem mais alto nem mais puro
Porque para tudo havia deuses, menos tu.

Cura tu, idólatra exclusivo de Cristo, que a vida
É múltipla e todos os dias são diferentes dos outros,
E só sendo múltiplos como eles
Staremos com a verdade e sós.

Não a ti, Cristo, odeio ou menosprezo
Que aos outros deuses que te precederam
        Na memória dos homens.
Nem mais nem menos és, mas outro deus.

No Panteão faltavas. Pois que vieste
No Panteão o teu lugar ocupa,
        Mas cuida não procures
Usurpar o que aos outros é devido.

Teu vulto triste e comovido sobre
A stéril dor da humanidade antiga
        Sim, nova pulcritude
Trouxe ao antigo Panteão incerto.

Mas que os teus crentes te não ergam sobre
Outros, antigos deuses que dataram
        Por filhos de Saturno
De mais perto da origem igual das coisas,

E melhores memórias recolheram
Do primitivo caos e da Noite
        Onde os deuses não são
Mais que as estrelas súbditas do Fado.

Tu não és mais que um deus a mais no eterno
Não a ti, mas aos teus, odeio, Cristo.
        Panteão que preside
        À nossa vida incerta.

Nem maior nem menor que os novos deuses,
Tua sombria forma dolorida

Trouxe algo que faltava
Ao número dos divos.

Por isso reina a par de outros no Olimpo,
Ou pela triste terra se quiseres
  Vai enxugar o pranto
  Dos humanos que sofrem.

Não venham, porém, stultos teus cultores
Em teu nome vedar o eterno culto
  Das presenças maiores
  Ou parceiras da tua.

A esses, sim, do âmago eu odeio
Do crente peito, e a esses eu não sigo,
  Supersticiosos leigos
  Na ciência dos deuses.

Ah, aumentai, não combatendo nunca.
Enriquecei o Olimpo, aos deuses dando
  Cada vez maior força
  Plo número maior.

Basta os males que o Fado as Parcas fez
Por seu intuito natural fazerem.
  Nós homens nos façamos
  Unidos pelos deuses.

Nota — Na 3.ª estrofe desta página parece haver uma troca de posição de dois versos. Segundo o sentido e a lógica da frase, poderá ser:

  Não a ti, mas aos teus, odeio, Cristo.
  Tu não és mais que um deus a mais no eterno

Sofro, Lídia, do medo do destino.
A leve pedra que um momento ergue
As lisas rodas do meu carro, aterra
       Meu coração.

Tudo quanto me ameace de mudar-me
Para melhor que seja, odeio e fujo.
Deixem-me os deuses minha vida sempre
       Sem renovar

Meus dias, mas que um passe e outro passe
Ficando eu sempre quase o mesmo; indo
Para a velhice como um dia entra
       No anoitecer.

Uma após uma as ondas apressadas
Enrolam o seu verde movimento
E chiam a alva spuma
No moreno das praias.
Uma após uma as nuvens vagarosas
Rasgam o seu redondo movimento
E o sol aquece o spaço
Do ar entre as nuvens scassas.
Indiferente a mim e eu a ela,
A natureza deste dia calmo
Furta pouco ao meu senso
De se esvair o tempo.
Só uma vaga pena inconsequente
Pára um momento à porta da minha alma
E após fitar-me um pouco
Passa, a sorrir de nada.

Seguro assento na coluna firme
        Dos versos em que fico,
Nem temo o influxo inúmero futuro
        Dos tempos e do olvido;
Que a mente, quando, fixa, em si contempla
        Os reflexos do mundo,
Deles se plasma torna, e à arte o mundo
        Cria, que não a mente.
Assim na placa o externo instante grava
        Seu ser, durando nela.

Não quero as oferendas
Com que fingis, sinceros,
Dar-me os dons que me dais.
Dais-me o que perderei,
Chorando-o, duas vezes,
Por vosso e meu, perdido.

Antes mo prometais
Sem mo dardes, que a perda
Será mais na esperança
Que na recordação.

Não terei mais desgosto
Que o contínuo da vida,
Vendo que com os dias
Tarda o que spera, e é nada.

Vossa formosa juventude leda,
Vossa felicidade pensativa,
Vosso modo de olhar a quem vos olha,
 Vosso não conhecer-vos —

Tudo quanto vós sois, que vos semelha
À vida universal que vos esquece
Dá carinho de amor a quem vos ama
 Por serdes não lembrando

Quanta igual mocidade a eterna praia
De Cronos, pai injusto da justiça,
Ondas, quebrou, deixando à só memória
 Um branco som de spuma.

Não canto a noite porque no meu
O sol que canto acabará em noite.
Não ignoro o que esqueço.
Canto, por esquecê-lo.

Pudesse eu suspender, inda que em sonho,
O Apolíneo curso, e conhecer-me,
Inda que louco, gêmeo
De uma hora imperecível!

Não quero recordar nem conhecer-me.
Somos demais se olhamos em quem somos.
Ignorar que vivemos
Cumpre bastante a vida.

Tanto quanto vivemos, vive a hora
Em que vivemos, igualmente morta
Quando passa connosco,
Que passamos com ela.

Se sabê-lo não serve de sabê-lo
(Pois sem poder que vale conhecermos?),
Melhor vida é a vida
Que dura sem medir-se.

A abelha que, voando, freme sobre
A colorida flor, e pousa, quase
        Sem diferença dela
        À vista que não olha,

Não mudou desde Cecrops. Só quem vive
Uma vida com ser que se conhece
        Envelhece, distinto
        Da espécie de que vive.

Ela é a mesma que outra que não ela.
Só nós — ó tempo, ó alma, ó vida, ó morte!
        Mortalmente compramos
        Ter mais vida que a vida.

Dia após dia a mesma vida é a mesma.
	O que decorre, Lídia,
No que nós *somos* como em que não somos
	Igualmente decorre.
Colhido, o fruto deperece; e cai
	Nunca sendo colhido.
Igual é o fado, quer o procuremos,
	Quer o speremos. Sorte
Hoje, Destino sempre, e nesta ou nessa
	Forma alheio e invencível.

Flores que colho, ou deixo,
Vosso destino é o mesmo.

Via que sigo, chegas
Não sei aonde eu chego.

Nada somos que valha,
Somo-la mais que em vão.

A flor que és, não a que dás, eu quero.
Porque me negas o que te não peço.
　　Tempo há para negares
　　Depois de teres dado.
Flor, sê-me flor! Se te colher avaro
A mão da infausta esfinge, tu perene
　　Sombra errarás absurda,
　　Buscando o que não deste.

Melhor destino que o de conhecer-se
Não frui quem mente frui. Antes, sabendo
         Ser nada, que ignorando:
         Nada dentro de nada.
Se não houver em mim poder que vença
As Parcas três e as moles do futuro,
         Já me dêem os deuses
         O poder de sabê-lo;
E a beleza, incriável por meu sestro,
Eu goze externa e dada, repetida
         Em meus passivos olhos,
         Lagos que a morte seca.

De novo traz as aparentes novas
Flores o Verão novo, e novamente
    Verdesce a cor antiga
    Das folhas redivivas.
Não mais, não mais dele o infecundo abismo.
Que mudo sorve o que mal somos, torna
    À clara luz superna
    A presença vivida.
Não mais; e a prole a que, pensando, dera
A vida da razão, em vão o chama,
    Que as nove chaves fecham
    Da Estige irreversível.
O que foi como um deus entre os que cantam,
O que do Olimpo as vozes, que chamavam,
    Scutando ouviu, e, ouvindo,
    Entendeu, hoje é nada.
Tecei embora as, que teceis, grinaldas.
Quem coroais, não coroando a ele?
    Votivas as deponde,
    Fúnebres sem ter culto.
Fique, porém, livre da leiva e do Orco,
A fama; e tu, que Ulisses erigira,
    Tu, em teus sete montes,
    Orgulha-te materna,
Igual, desde ele, às sete que contendem
Cidades por Homero, ou alcaica Lesbos,
    Ou heptápila Tebas,
    Ogígia mãe de Píndaro.

Quão breve tempo é a mais longa vida
E a juventude nela! Ah! Cloe, Cloe,
      Se não amo, nem bebo,
      Nem sem querer não penso,
Pesa-me a lei inimplorável, dói-me
A hora invita, o tempo que não cessa,
      E aos ouvidos me sobe
      Dos juncos o ruído
Na oculta margem onde os lírios frios
Da ínfera leiva crescem, e a corrente
      Não sabe onde é o dia,
      Sussurro gemebundo.

Tão cedo passa tudo quanto passa!
Morre tão jovem ante os deuses quanto
     Morre! Tudo é tão pouco!
Nada se sabe, tudo se imagina.
Circunda-te de rosas, ama, bebe
     E cala. O mais é nada.

Prazer, mas devagar,
Lídia, que a sorte àqueles não é grata
　　Que lhe das mãos arrancam.
Furtivos retiremos do horto mundo
　　Os depredandos pomos.
Não despertemos, onde dorme, a Erínis
　　Que cada gozo trava.
Como um regato, mudos passageiros,
　　Gozemos escondidos.
A sorte inveja, Lídia. Emudeçamos.

Este, seu scasso campo ora lavrando,
Ora, solene, olhando-o com a vista
De quem a um filho olha, goza incerto
   A não-pensada vida.
Das fingidas fronteiras a mudança
O arado lhe não tolhe, nem o empece
Per que concílios se o destino rege
   Dos povos pacientes.
Pouco mais no presente do futuro
Que as ervas que arrancou, seguro vive
A antiga vida que não torna, e fica,
   Filhos, diversa e sua.

Como se cada beijo
   Fora de despedida,
Minha Cloe, beijemo-nos, amando.
   Talvez que já nos toque
   No ombro a mão, que chama
À barca que não vem senão vazia;
   E que no mesmo feixe
   Ata o que mútuos fomos
E a alheia soma universal da vida,

Tuas, não minhas, teço estas grinaldas,
Que em minha fronte renovadas ponho.
        Para mim tece as tuas,
        Que as minhas eu não vejo.
Se não pesar na vida melhor gozo
Que o vermo-nos, vejamo-nos, e, vendo,
        Surdos conciliemos
        O insubsistente surdo.
Coroemo-nos pois uns para os outros,
E brindemos uníssonos à sorte
        Que houver, até que chegue
        A hora do barqueiro.

Olho os campos, Neera,
Campos, campos, e sofro
Já o frio da sombra
Em que não terei olhos.
A caveira antessinto
Que serei não sentindo,
Ou só quanto o que ignoro
Me incógnito ministre.
E menos ao instante
Choro, que a mim futuro,
Súbdito ausente e nulo
Do universal destino.

No ciclo eterno das mudáveis coisas
Novo Inverno após novo
Outono volve
     À diferente terra
     Com a mesma maneira.
Porém a mim nem me acha diferente
Nem diferente deixa-me, fechado
     Na clausura maligna
     Da índole indecisa.
Presa da pálida fatalidade
De não mudar-me, me infiel renovo
     Aos propósitos mudos
     Morituros e infindos.

Já sobre a fronte vã se me acinzenta
O cabelo do jovem que perdi.
     Meus olhos brilham menos,
Já não tem jus a beijos minha boca.
Se me ainda amas, por amor não ames:
     Traíras-me comigo.

Não só vinho, mas nele o olvido, deito
Na taça: serei ledo, porque a dita
    É ignara. Quem, lembrando
    Ou prevendo, sorrira?
Dos brutos, não a vida, senão a alma,
Consigamos, pensando; recolhidos
    No impalpável destino
    Que não spera nem lembra.
Com mão mortal elevo à mortal boca
Em frágil taça o passageiro vinho,
    Baços os olhos feitos
    Para deixar de ver.

Quanta tristeza e amargura afoga
Em confusão a streita vida! Quanto
Infortúnio mesquinho.
Nos oprime supremo!
Feliz ou o bruto que nos verdes campos
Pasce, para si mesmo anónimo, e entra
Na morte como em casa;
Ou o sábio que, perdido
Na ciência, a fútil vida austera eleva
Além da nossa, como o fumo que ergue
Braços que se desfazem
A um céu inexistente.

Nota — No verso 5 parece haver uma gralha ou erro de leitura; segundo o
sentido e construção lógica da frase, poderá ser:

Feliz *é* o bruto que nos verdes campos

Frutos, dão-os as árvores que vivem,
Não a iludida mente, que só se orna
Das flores lívidas
Do íntimo abismo.
Quantos reinos nos seres e nas cousas
Te não talhaste imaginário! Quantos,
Com a charrua,
Sonhos, cidades!
Ah, não consegues contra o adverso muito
Criar mais que propósitos frustrados!
Abdica e sê
Rei de ti mesmo.

Gozo sonhado é gozo, ainda que em sonho.
Nós o que nos supomos nos fazemos,
    Se com atenta mente
    Resistirmos em crê-lo.
Não, pois, meu modo de pensar nas coisas,
Nos seres e no fado me consumo.
    Para mim crio tanto
    Quanto para mim crio.
Fora de mim, alheio ao em que penso,
O Fado cumpre-se. Porém eu me cumpro
    Segundo o âmbito breve
    Do que de meu me é dado.

Solene passa sobre a fértil terra
A branca, inútil nuvem fugidia,
Que um negro instante de entre os campos ergue
Um sopro arrefecido.

Tal me alta na alma a lenta ideia voa
E me enegrece a mente, mas já torno,
Como a si mesmo o mesmo campo, ao dia
Da imperfeita vida.

Atrás não torna, nem, como Orfeu, volve
Sua face, Saturno.
Sua severa fronte reconhece
Só o lugar do futuro.
Não temos mais decerto que o instante
Em que o pensamos certo.
Não o pensemos, pois, mas o façamos
Certo sem pensamento.

A nada imploram tuas mãos já coisas,
Nem convencem teus lábios já parados,
No abafo subterrâneo
Da húmida imposta terra.
Só talvez o sorriso com que amavas
Te embalsama remota, e nas memórias
Te ergue qual eras, hoje
Cortiço apodrecido.
E o nome inútil que teu corpo morto
Usou, vivo, na terra, como uma alma,
Não lembra. A ode grava,
Anónimo, um sorriso.

Aqui, dizeis, na cava a que me abeiro,
Não stá quem eu amei. Olhar nem riso
 Se escondem nesta leira.
Ah, mas olhos e boca aqui se escondem!
Mãos apertei, na alma, e aqui jazem.
 Homem, um corpo choro!

Lenta, descansa a onda que a maré deixa.
Pesada cede. Tudo é sossegado.
　　　　Só o que é de homem se ouve.
　　　　Cresce a vinda da lua.
Nesta hora, Lídia ou Neera ou Cloe,
Qualquer de vós me é estranha, que me inclino
　　　　Para o segredo dito
　　　　Pelo silêncio incerto.
Tomo nas mãos, como caveira, ou chave
De supérfluo sepulcro, o meu destino,
　　　　E ignaro o aborreço
　　　　Sem coração que o sinta.

O sono é bom pois despertamos dele
Para saber que é bom. Se a morte é sono
    Despertaremos dela;
    Se não, e não é sono,

Conquanto em nós é nosso a refusemos
Enquanto em nossos corpos condenados
    Dura, do carcereiro,
    A licença indecisa.

Lídia, a vida mais vil antes que a morte,
Que desconheço, quero; e as flores colho
    Que te entrego, votivas
    De um pequeno destino,

O rastro breve que das ervas moles
Ergue o pé findo, o eco que oco coa,
    A sombra que se adumbra,
    O branco que à nau larga
Nem maior nem melhor deixa a alma às almas,
O ido aos indos. A lembrança esquece.
    Mortos, inda morremos.
    Lídia, somos só nossos.

Pesa o decreto atroz do fim certeiro.
Pesa a sentença igual do juiz ignoto
Em cada cerviz néscia. É entrudo e riem.
Felizes, porque neles pensa e sente
        A vida, que não eles!

Se a ciência é vida, sábio é só o néscio.
Quão pouca diferença a mente interna
Do homem da dos brutos! Sus! Deixai
        Brincar os moribundos!

De rosas, inda que de falsas teçam
Capelas veras. Breve e vão é o tempo
Que lhes é dado, e por misericórdia
        Breve nem vão sentido.

Nos altos ramos de árvores frondosas
O vento faz um rumor frio e alto,
Nesta floresta, em este som me perco
      E sòzinho medito.
Assim no mundo, acima do que sinto,
Um vento faz a vida, e a deixa, e a toma,
E nada tem sentido — nem a alma
      Com que penso sòzinho.

Inglória é a vida, e inglório o conhecê-la.
Quantos, se pensam, não se reconhecem
　　　Os que se conheceram!
A cada hora se muda não só a hora
Mas o que se crê nela, e a vida passa
　　　Entre viver e ser.

Tudo que cessa é morte, e a morte é nossa
Se é para nós que cessa. Aquele arbusto
    Fenece, e vai com ele
    Parte da minha vida.
Em tudo quanto olhei fiquei em parte.
Com tudo quanto vi, se passa, passo,
    Nem distingue a memória
    Do que vi do que fui.

A cada qual, como a statura, é dada
    A justiça: uns faz altos
    O fado, outros felizes.
Nada é prémio: sucede o que acontece.
    Nada, Lídia, devemos
    Ao fado, senão tê-lo.

Nem da erva humilde se o Destino esquece.
　　Saiba a lei o que vive.
De sua natureza murcham rosas
　　E prazeres se acabam.
Quem nos conhece, amigo, tais quais fomos?
　　Nem nós os conhecemos.

Quem diz ao dia, dura! e à treva, acaba!
E a si não diz, não digas!
Sentinelas absurdas, vigilamos,
Ínscios dos contendentes.
Uns sob o frio, outros no ar brando, guardam
O posto e a insciência sua.

Negue-me tudo a sorte, menos vê-la,
Que eu, stóico sem dureza,
Na sentença gravada do Destino
Quero gozar as letras.

Se recordo quem fui, outrem me vejo,
E o passado é o presente na lembrança.
 Quem fui é alguém que amo
 Porém somente em sonho.
E a saudade que me aflige a mente
Não é de mim nem do passado visto,
 Senão de quem habito
 Por trás dos olhos cegos.
Nada, senão o instante, me conhece.
Minha mesma lembrança é nada, e sinto
 Que quem sou e quem fui
 São sonhos diferentes.

Quando, Lídia, vier o nosso Outono
Com o Inverno que há nele, reservemos
Um pensamento, não para a futura
        Primavera, que é de outrem,
Nem para o Estio, de quem somos mortos,
Senão para o que fica do que passa
O amarelo actual que as folhas vivem
        E as torna diferentes.

Ténue, como se de Éolo a esquecessem,
A brisa da manhã titila o campo,
    E há começo do sol.
Não desejemos, Lídia, nesta hora
Mais sol do que ela, nem mais alta brisa
    Que a que é pequena e existe.

No breve número de doze meses
O ano passa, e breves são os anos,
  Poucos a vida dura.
Que são doze ou sessenta na floresta
Dos números, e quanto pouco falta
  Para o fim do futuro!
Dois terços já, tão rápido, do curso
Que me é imposto correr descendo, passo.
  Apresso, e breve acabo.
Dado em declive deixo, e invito apresso
  O moribundo passo.

Nota — No penúltimo verso o sentido e a lógica da frase parece admitir uma
gralha ou erro de leitura. Poderá ser:

  Dado em declive *desço*, e invito apresso

Não sei de quem recordo meu passado
Que outrem fui quando o fui, nem me conheço
Como sentindo com minha alma aquela
Alma que a sentir lembro.
De dia a outro nos desamparamos.
Nada de verdadeiro a nós nos une —
Somos quem somos, e quem fomos foi
Coisa vista por dentro.

O que sentimos, não o que é sentido,
É o que temos. Claro, o Inverno triste
Como à sorte o acolhamos.
Haja Inverno na terra, não na mente.
E, amor a amor, ou livro a livro, amemos
      Nossa caveira breve,

Quer pouco: terás tudo.
Quer nada: serás livre.
O mesmo amor que tenham
Por nós, quer-nos, oprime-nos.

Não só quem nos odeia ou nos inveja
Nos limita e oprime; quem nos ama
    Não menos nos limita.
Que os deuses me concedam que, despido
De afectos, tenha a fria liberdade
    Dos píncaros sem nada.
Quem quer pouco, tem tudo; quem quer nada
É livre; quem não tem, e não deseja,
    Homem, é igual aos deuses.

Não quero, Cloe, teu amor, que oprime
Porque me exige o amor. Quero ser livre.

A sperança é um dever do sentimento.

Não sei se é amor que tens, ou amor que finges,
O que me dás. Dás-mo. Tanto me basta.
　　Já que o não sou por tempo,
　　Seja eu jovem por erro.
Pouco os deuses nos dão, e o pouco é falso.
Porém, se o dão, falso que seja, a dádiva
　　É verdadeira. Aceito,
　　Cerro olhos: é bastante.
　　　　　Que mais quero?

Nunca a alheia vontade, inda que grata,
Cumpras por própria. Manda no que fazes,
 Nem de ti mesmo servo.
Ninguém te dá quem és. Nada te mude.
Teu íntimo destino involuntário
 Cumpre alto. Sê teu filho.

No mundo, só comigo, me deixaram
    Os deuses que dispõem.
Não posso contra eles: o que deram
    Aceito sem mais nada.
Assim o trigo baixa ao vento, e, quando
    O vento cessa, ergue-se.

Os deuses e os Messias que são deuses
Passam, e os sonhos vãos que são Messias.
A terra muda dura.
Nem deuses, nem Messias, nem ideias
Que trazem rosas. Minhas são se as tenho.
Se as tenho, que mais quero?

Do que quero renego, se o querê-lo
Me pesa na vontade. Nada que haja
Vale que lhe concedamos
Uma atenção que doa.
Meu balde exponho à chuva, por ter água.
Minha vontade, assim, ao mundo exponho.
Recebo o que me é dado,
E o que falta não quero.

O que me é dado quero
Depois de dado, grato.

Nem quero mais que o dado
Ou que o tido desejo.

Nota — Segundo o sentido e a lógica íntima da composição, pareceria que os versos 9-10 e 11-12 são antes duas variantes dos versos 7-8.

Sim, sei bem
Que nunca serei alguém.
  Sei de sobra
Que nunca terei uma obra.
  Sei, enfim,
Que nunca saberei de mim.
  Sim, mas agora,
Enquanto dura esta hora,
  Este luar, estes ramos,
Esta paz em que estamos,
  Deixem-me me crer
O que nunca poderei ser.

Nota — Composição muito mais na estrutura e no sentido que pertence a Fernando Pessoa ele-mesmo.

Breve o dia, breve o ano, breve tudo.
Não tarda nada sermos.
Isto, pensando, me de a mente absorve
Todos mais pensamentos.
O mesmo breve ser da mágoa pesa-me,
Que, inda que mágoa, é vida.

Domina ou cala. Não te percas, dando
Aquilo que não tens.
Que vale o César que serias? Goza
Bastar-te o pouco que és.
Melhor te acolhe a vil choupana dada
Que o palácio devido.

Tudo, desde ermos astros afastados
A nós, nos dá o mundo.
E a tudo, alheios, nos acrescentamos,
Pensando e interpretando.
A próxima erva a que não chega basta,
O que há é o melhor.

Ninguém, na vasta selva virgem.
Do mundo inumerável, finalmente
  Vê o Deus que conhece.
Só o que a brisa traz se ouve na brisa
O que pensamos, seja amor ou deuses,
  Passa, porque passamos.

Se a cada coisa que há um deus compete,
Porque não haverá de mim um deus?
Porque o não serei eu?
É em mim que o Deus anima
Porque eu sinto.
O mundo externo claramente vejo —
Coisas, homens, sem alma.

Quanto faças, supremamente faze.
Mais vale, se a memória é quanto temos,
Lembrar muito que pouco.
E se o muito no pouco te é possível,
Mais ampla liberdade de lembrança
Te tornará teu dono.

Rasteja mole pelos campos ermos
O vento sossegado.
Mais parece tremer de um tremor próprio,
Que do vento, o que é erva.
E se as nuvens no céu, brancas e altas,
Se movem, mais parecem
Que gira a terra rápida e elas passam,
Por muito altas, lentas.
Aqui neste sossego dilatado
Me esquecerei de tudo,
Nem hóspede será do que conheço
A vida que deslembro.
Assim meus dias seu decurso falso
Gozarão verdadeiro.

Azuis os montes que estão longe param.
De eles a mim o vário campo ao vento, à brisa,
Ou verde ou amarelo ou variegado,
Ondula incertamente.
Débil como uma haste de papoila
Me suporta o momento. Nada quero.
Que pesa o escrúpulo do pensamento
Na balança da vida?
Como os campos, e vário, e como eles,
Exterior a mim, me entrego, filho
Ignorado do Caos e da Noite
Às férias em que existo.

Lídia, ignoramos. Somos estrangeiros
Onde que quer que estejamos.

Lídia, ignoramos. Somos estrangeiros
Onde quer que moremos. Tudo é alheio
Nem fala língua nossa.
Façamos de nós mesmos o retiro
Onde esconder-nos, tímidos do insulto
Do tumulto do mundo.
Que quer o amor mais que não ser dos outros?
Como um segredo dito nos mistérios,
Seja sacro por nosso.

Severo narro. Quanto sinto, penso.
Palavras são ideias.
Múrmuro, o rio passa, e o que não passa,
Que é nosso, não do rio.
Assim quisesse o verso: meu e alheio
E por mim mesmo lido.

Sereno aguarda o fim que pouco tarda.
Que é qualquer vida? Breves sóis e sono.
    Quanto pensas emprega
    Em não muito pensares.

Ao nauta o mar obscuro é a rota clara.
Tu, na confusa solidão da vida,
    A ti mesmo te elege
    (Não sabes de outro) o porto.

Ninguém a outro ama, senão que ama
O que de si há nele, ou é suposto.
Nada te pese que não te amem. Sentem-te
Quem és, e és estrangeiro.
Cura de ser quem és, amam-te ou nunca.
Firme contigo, sofrerás avaro
De penas.

Vive sem horas. Quanto mede pesa,
    E quanto pensas mede.
Num fluido incerto nexo, como o rio
    Cujas ondas são ele,
Assim teus dias vê, e se te vires
Passar, como a outrem, cala.

Nada fica de nada. Nada somos.
Um pouco ao sol e ao ar nos atrasamos
Da irrespirável treva que nos pese
Da humilde terra imposta,
Cadáveres adiados que procriam.

Leis feitas, estátuas vistas, odes findas —
Tudo tem cova sua. Se nós carnes
A que um íntimo sol dá sangue, temos
Poente, por que não elas?
Somos contos contando contos, nada.

P ara ser grande, sê inteiro: nada
    Teu exagera ou exclui.
Sê todo em cada coisa. Põe quanto és
    No mínimo que fazes.
Assim em cada lago a lua toda
    Brilha, porque alta vive.

Quero ignorado, e calmo
Por ignorado, e próprio
Por calmo, encher meus dias
De não querer mais deles.

Aos que a riqueza toca
O ouro irrita a pele.
Aos que a fama bafeja
Embacia-se a vida.

Aos que a felicidade
É sol, virá a noite.
Mas ao que nada spera
Tudo que vem é grato.

Cada dia sem gozo não foi teu
(Dia em que não gozaste não foi teu):
Foi só durares nele. Quanto vivas
Sem que o gozes, não vives.

Não pesa que amas, bebas ou sorrias:
Basta o reflexo do sol ido na água
De um charco, se te é grato.

Feliz o a quem, por ter em coisas mínimas
Seu prazer posto, nenhum dia nega
A natural ventura!

Nota — Dados a estrutura e o sentido da composição o v. 2 parece ser antes variante do 1.
Nota — Na 2ª estrofe parece ser admissível uma gralha. O verso poderá ler-se:

Não pesa que *ames*, bebas ou sorrias:

Pois que nada que dure, ou que, durando,
Valha, neste confuso mundo obramos,
E o mesmo útil para nós perdemos
Connosco, cedo, cedo,

O prazer do momento anteponhamos
À absurda cura do futuro, cuja
Certeza única é o mal presente
Com que o seu bem compramos.

Amanhã não existe. Meu somente
É o momento, eu só quem existe
Neste instante, que pode o derradeiro
Ser de quem finjo ser?

Estás só. Ninguém o sabe. Cala e finge.
Mas finge sem fingimento.
Nada speres que em ti já não exista,
Cada um consigo é triste.
Tens sol se há sol, ramos se ramos buscas,
Sorte se a sorte é dada.

Aqui, neste misérrimo desterro
Onde nem desterrado estou, habito,
Fiel, sem que queira, àquele antigo erro
Pelo qual sou proscrito.
O erro de querer ser igual a alguém
Feliz, em suma — quanto a sorte deu
A casa coração o único bem
De ele poder ser seu.

Uns, com os olhos postos no passado,
Vêem o que não vêem; outros, fitos
Os mesmos olhos no futuro, vêem
O que não pode ver-se.

Porque tão longe ir pôr o que está perto —
A segurança nossa? Este é o dia,
Esta é a hora, este o momento, isto
É quem somos, e é tudo.

Perene flui a interminável hora
Que nos confessa nulos. No mesmo hausto
Em que vivemos, morreremos. Colhe
O dia, porque és ele.

Súbdito inútil de astros dominantes,
Passageiros como eu, vivo uma vida
Que não quero nem amo,
Minha porque sou ela,

No ergástulo de ser quem sou, contudo,
De em mim pensar me livro, olhando no alto
Os astros que dominam
Submissos de os ver brilhar.

Vastidão vã que finge de infinito
(Como se o infinito se pudesse ver!) —
Dá-me ela a liberdade?
Como, se ela a não tem?

Aguardo, equânime, o que não conheço —
Meu futuro e o de tudo.
No fim tudo será silêncio, salvo
Onde o mar banhar nada.

V ivem em nós inúmeros,
Se penso ou sinto, ignoro
Quem é que pensa ou sente.
Sou sòmente o lugar
Onde se sente ou pensa.

Tenho mais almas que uma.
Há mais eus do que eu mesmo.
Existo todavia
Indiferente a todos,
Faço-os calar: eu falo.

Os impulsos cruzados
Do que sinto ou não sinto
Disputam em quem sou.
Ignoro-os. Nada ditam
A quem me sei: eu 'screvo.

Ponho na altiva mente o fixo esforço
Da altura, e à sorte deixo,
E as suas leis, o verso;
Que, quando é alto e régio o pensamento,
Súbdita a frase o busca
E o scravo ritmo o serve.

Temo, Lídia, o destino. Nada é certo.
Em qualquer hora pode suceder-nos
　　　O que nos tudo mude.
Fora do conhecido é estranho o passo
Que próprio damos. Graves numes guardam
　　　As lindas do que é uso.
Não somos deuses; cegos, receemos,
E a parca dada vida anteponhamos
　　　À novidade, abismo.

Não queiras, Lídia, edificar no spaço
Que figuras futuro, ou prometer-te
Amanhã. Cumpre-te hoje, não sperando.
   Tu mesma és tua vida.
Não te destines, que não és futura.
Quem sabe se, entre a taça que esvazias,
E ela de novo enchida, não te a sorte
   Interpõe o abismo?

Saudoso já deste Verão que vejo,
Lágrimas para as flores dele emprego
    Na lembrança invertida
    De quando hei-de perdê-las.
Transpostos os portais irreparáveis
De cada ano, me antecipo a sombra
    Em que hei-de errar, sem flores,
    No abismo rumoroso.
E colho a rosa porque a sorte manda.
Marcenda, guardo-a; murche-se comigo
    Antes que com a curva
    Diurna da ampla terra.

Deixemos, Lídia, a ciência que não põe
Mais flores do que Flora pelos campos,
　　Nem dá de Apolo ao carro
　　Outro curso que Apolo.

Contemplação estéril e longínqua
Das coisas próximas, deixemos que ela
　　Olhe até não ver nada
　　Com seus cansados olhos.

Vê como Ceres é a mesma sempre
E como os louros campos entumece
　　E os cala prás avenas
　　Dos agrados de Pã.

Vê como com seu jeito sempre antigo
Aprendido no orige azul dos deuses,
　　As ninfas não sossegam
　　Na sua dança eterna.

E como as hemadríades constantes
Murmuram pelos rumos das florestas
　　E atrasam o deus Pã
　　Na atenção à sua flauta.

Não de outro modo mais divino ou menos
Deve aprazer-nos conduzir a vida,
　　Quer sob o ouro de Apolo
　　Ou a prata de Diana.

Quer troe Júpiter nos céus toldados,
Quer apedreje com as suas ondas

Neptuno as planas praias
E os erguidos rochedos.

Do mesmo modo a vida é sempre a mesma.
Nós não vemos as Parcas acabarem-nos.
Por isso as esqueçamos
Como se não houvessem.

Colhendo flores ou ouvindo as fontes
A vida passa como se temêssemos.
Não nos vale pensarmos
No futuro sabido

Que aos nossos olhos tirará Apolo
E nos porá longe de Ceres e onde
Nenhum Pã cace à flauta
Nenhuma branca ninfa.

Só as horas serenas reservando
Por nossas, companheiros na malícia
De ir imitando os deuses
Até sentir-lhe a calma.

Venha depois com as suas cãs caídas
A velhice, que os deuses concederam
Que esta hora por ser sua
Não sofra de Saturno
Mas seja o templo onde sejamos deuses
Inda que apenas, Lídia, pra nós próprios
Nem precisam de crentes
Os que de si o foram.

É tão suave a fuga deste dia,
Lídia, que não parece que vivemos.
Sem dúvida que os deuses
Nos são gratos esta hora,

Em paga nobre desta fé que temos
Na exilada verdade dos seus corpos
Nos dão o alto prémio
De nos deixarem ser

Convivas lúcidos da sua calma,
Herdeiros um momento do seu jeito
De viver toda a vida
Dentro dum só momento,

Dum só momento, Lídia,em que afastados
Das terrenas angústias recebemos
Olímpicas delícias
Dentro das nossas almas.

E um só momento nos sentimos deuses
Imortais pela calma que vestimos
E a altiva indiferença
Às coisas passageiras

Como quem guarda a c'roa da vitória
Estes fanados louros de um só dia
Guardemos para termos,
No futuro enrugado,

Perene à nossa vista a certa prova
De que um momento os deuses nos amaram
E nos deram uma hora
Não nossa, mas do Olimpo.

Para os deuses as coisas são mais coisas.
Não mais longe eles vêem, mas mais claro
Na certa Natureza
E a contornada Vida...
Não no vago que mal vêem
Orla misteriosamente os seres,
Mas nos detalhes claros
Estão seus olhos.
A Natureza é só uma superfície.
Na sua superfície ela é profunda
E tudo contém muito
Se os olhos bem olharem.
Aprende, pois, tu, das cristãs angústias,
Ó traidor à multíplice presença
Dos deuses, a não teres
Véus nos olhos nem na alma.

No magno dia até os sons são claros.
Pelo repouso do amplo campo tardam.
     Múrmura, a brisa cala.
Quisera, como os sons, viver das coisas
Mas não ser delas, consequência alada
     Em que o real vai longe.

Quero dos deuses só que me não lembrem.
Serei livre — sem dita nem desdita,
Como o vento que é a vida
Do ar que não é nada.
O ódio e o amor iguais nos buscam; ambos,
Cada um com seu modo, nos oprimem.
　　　A quem deuses concedem
　　　Nada, tem liberdade.

Aos deuses peço só que me concedam
O nada lhes pedir. A dita é um jugo
        E o ser feliz oprime
Porque é um certo estado.
Não quieto nem inquieto meu ser calmo
Quero erguer alto acima de onde os homens
        Têm prazer ou dores.

Cada um cumpre o destino que lhe cumpre,
E deseja o destino que deseja;
Nem cumpre o que deseja,
Nem deseja o que cumpre.

Como as pedras na orla dos canteiros
O Fado nos dispõe, e ali ficamos;
Que a Sorte nos fez postos
Onde houvemos de sê-lo.

Não tenhamos melhor conhecimento
Do que nos coube que de que nos coube.
Cumpramos o que somos.
Nada mais, nos é dado.

Meu gesto que destrói
A mole das formigas,
Toma-lo-ão elas por de um ser divino:
Mas eu não sou divino para mim.

Assim talvez os deuses
Para si o não sejam,
E só de serem do que nós maiores
Tirem o serem deuses para nós.

Seja qual for o certo,
Mesmo para com esses
Que cremos serem deuses, não sejamos
Inteiros numa fé talvez sem causa.

Sob a leve tutela
De deuses descuidosos,
Quero gastar as concedidas horas
Desta fadada vida.

Nada podendo contra
O ser que me fizeram,
Desejo ao menos que me haja o Fado
Dado a paz por destino.

Da verdade não quero
Mais que a vida; que os deuses
Dão vida: e não verdade, nem talvez
Saibam qual a verdade.

ÍNDICE

Data das poesias

148

A presente edição de ODES de Ricardo Reis é o Volume de número 24 da Coleção Excelsior. Capa Cláudio Martins. Impresso na Líthera Maciel Editora e Gráfica Ltda., à rua Simão Antônio 1.070 - Contagem, para a Editora Itatiaia, à Rua São Geraldo, 67 - Belo Horizonte - MG. No catálogo geral leva o número 01066/6B. ISBN. 85-319-0688-1.